GUIA PRÁTICO DA NOVA ORTOGRAFIA

Proibida a reprodução total ou parcial em qualquer mídia
sem a autorização escrita da editora.
Os infratores estão sujeitos às penas da lei.

A Editora não é responsável pelo conteúdo deste livro.
Os Autores conhecem os fatos narrados, pelos quais são responsáveis,
assim como se responsabilizam pelos juízos emitidos.

Consulte nosso catálogo completo e últimos lançamentos
em **www.editoracontexto.com.br**.

GUIA PRÁTICO DA NOVA ORTOGRAFIA

Maurício Silva
Elenice Alves da Costa

editora**contexto**

Copyright © 2011 dos Autores

Todos os direitos desta edição reservados à
Editora Contexto (Editora Pinsky Ltda.)

Montagem de capa e diagramação
Gustavo S. Vilas Boas

Preparação de textos
Mirelle Mie Iano

Revisão
Lilian Aquino

Dados Internacionais de Catalogação na Publicação (CIP)
(Câmara Brasileira do Livro, SP, Brasil)

Silva, Maurício
Guia prático da nova ortografia / Maurício Silva, Elenice Alves da Costa. – 1. ed., 6ª reimpressão. – São Paulo : Contexto, 2024.

Bibliografia
ISBN 978-85-7244-695-2

1. Português – Ortografia I. Costa, Elenice Alves da. II. Título.

12-00651   CDD-469.152

Índices para catálogo sistemático:
1. Ortografia : Português : Linguística 469.152

2024

Editora Contexto
Diretor editorial: *Jaime Pinsky*

Rua Dr. José Elias, 520 – Alto da Lapa
05083-030 – São Paulo – SP
PABX: (11) 3832 5838
contato@editoracontexto.com.br
www.editoracontexto.com.br

Sumário

Introdução 7

Regras: mudanças e permanências 11
    Alfabeto 11
    Letras maiúsculas e minúsculas 14
    Acentos 18
    Hífen 27
    Terminações 48

Detalhes da nova ortografia 51

Sugestões de leitura 55

Bibliografia 59

Os autores 61

Introdução

O período de transição acabou. Em 2012 termina o prazo dado pelo governo brasileiro para que o novo acordo passe a ser utilizado por todos, tornando-se obrigatória a utilização das novas normas ortográficas. Desse modo, escolas, meios de comunicação impressa, órgãos e departamentos oficiais, enfim, todos aqueles que, direta ou indiretamente, dependem da língua portuguesa escrita passaram a ter uma preocupação a mais: a adaptação de sua grafia para as novas regras do acordo.

Formulado entre 1986/1990, o Acordo Ortográfico da Língua Portuguesa foi aprovado pelas nações que compõem a Comunidade dos Países de Língua Portuguesa (CPLP). Desde 2009, as regras já valem no Brasil. Mas até agora ainda era permitida a utilização das regras antigas. Muito se discutiu acerca da pertinência dessas novas regras, das condições de adaptabilidade às diretrizes do novo acordo, dos aspectos positivos e negativos das mudanças etc. De toda essa discussão, contudo, há pelo menos um consenso: em 2012 encerra-se o período de adaptação ao novo acordo e as mudanças previstas passam a valer de verdade, e, gostemos ou não, todos nós temos de nos adaptar.

Foi exatamente pensando nisso que escrevemos esse *Guia prático da nova ortografia*, redigido e organizado de modo a oferecer ao leitor uma exposição mais dinâmica das mudanças ortográficas, simplificando sua consulta e facilitando o emprego da língua escrita no seu dia a dia. Resumimos ao máximo as normas do acordo, para, assim, auxiliar o leitor no trabalho de encontrar a correta forma gráfica das palavras que compõem o extenso e variado léxico da língua portuguesa. Por isso, dividimos o vasto conjunto de regras previstas nas bases do novo acordo em alguns poucos

INTRODUÇÃO

grupos que contemplassem o maior número possível de vocábulos da língua.

Com isso, enfim, nosso objetivo é tanto promover o modo *correto* de escrever – ortografia: *orto* (correto) + *grafia* (escrita) –, quanto oferecer ao leitor um guia de consulta rápida e facilitada, a fim de que suas dúvidas possam ser suprimidas com clareza e eficácia.

Seguem, às regras aqui expostas, algumas sugestões de leitura para quem quiser se aprofundar no assunto, bem como uma bibliografia voltada para especialistas estudiosos da língua que, porventura, busquem uma fonte de consulta e pesquisa mais especializada.

Regras: mudanças e permanências

ALFABETO

O que foi acrescentado

1. As letras K, Y, W em antropônimos (nomes de pessoas), topônimos (nomes de lugares) e outros casos específicos (siglas, símbolos e unidades de medida):

Byroniano
Darwin
Ely
Franklin
Kant
Kardec
Kepler
KLM
Kuwait
Kwanza
Malawiano
Taylorista
Wagner
Washington
Watt
Yeda

O que foi eliminado (ou adaptado)

1. Algumas consoantes finais de antropônimos:

José (de Joseph)   *Judite (de Judith)*
Nazaré (de Nazareth)   *Bete (de Beth)*
Rute (de Ruth)

O que foi mantido
(mas que pode ser simplificado)

1. Algumas consoantes finais de antropônimos:

Baruch ou *Baruc*   *Josafat* ou *Josafá*
Enoch ou *Enoc*   *Loth* ou *Lot*
Moloch ou *Moloc*   *Ziph* ou *Zif*
David ou *Davi*   *Aleph* ou *Alef*
Jacob ou *Jacó*   *Inah* ou *Iná*
Job ou *Jó*   *Dinah* ou *Diná*

> **Mas atenção...**
> para efeito legal, os antropônimos devem permanecer com a grafia com que foram registrados no cartório de registro civil.

O que foi recomendado

1. Algumas formas estrangeiras de topônimos:

Antuérpia (de Anvers)
Milão (de Milano)
Zurique (de Zürich)
Munique (de München)
Genebra (de Genève)
Turim (de Torino)
Londres (de London)
Xangai (de Shanghai)
Quebeque (de Québec)
Madri (de Madrid)
Bordéus (de Bordeaux)
Berlim (de Berlin)
Mineápolis (de Minneapolis)
Iêmen (de Yemen)

Mas atenção...
deve-se manter a grafia original dos topônimos que não possuem correspondente no português (Washington, Los Angeles, Buenos Aires, Zagreb, La Paz). Há casos em que se consagrou, principalmente pela frequência de uso, uma grafia mista (Nova York, Nova Jersey).

Como era antes do acordo?

Antes do acordo, algumas letras do alfabeto e algumas terminações de antropônimos não existiam oficialmente; já em relação aos topônimos, não havia nenhuma determinação explícita sobre a alteração de sua grafia.

LETRAS MAIÚSCULAS E MINÚSCULAS

Emprego de letras minúsculas

1. Nomes de meses, estações do ano, dias da semana e pontos cardeais:

REGRAS: MUDANÇAS E PERMANÊNCIAS

janeiro *inverno*

fevereiro *segunda-feira*

março *terça-feira*

abril *quarta-feira*

maio *quinta-feira*

junho *sexta-feira*

julho *sábado*

agosto *domingo*

setembro *norte*

outubro *sul*

novembro *leste*

dezembro *oeste*

primavera *sudeste*

verão *nordeste*

outono *noroeste*

sudoeste

> **Mas atenção...**
> quando empregados com sentido absoluto, os pontos cardeais e vocábulos equivalentes devem ser grafados em maiúscula: Nordeste (por nordeste do Brasil), Norte (por norte de Portugal), Meio-Dia (pelo sul da França), Ocidente (por ocidente europeu), Oriente (por oriente asiático) etc.

Emprego de letras maiúsculas ou minúsculas

1. Citações bibliográficas, formas de tratamento e reverência, nomes sagrados, domínios do saber e logradouros:

Memórias póstumas de Brás Cubas ou *Memórias Póstumas de Brás Cubas*

Grande sertão: veredas ou *Grande Sertão: Veredas*

Casa-grande e senzala ou *Casa-Grande e Senzala*

O crime do padre Amaro ou *O Crime do Padre Amaro*
Santa Isabel ou *santa Isabel*
Doutor Carlos Ferreira ou *doutor Carlos Ferreira*
Papa João Paulo II ou *papa João Paulo II*
Senhor Roberto ou *senhor Roberto*
Matemática Aplicada ou *matemática aplicada*
Educação Física ou *educação física*
História do Brasil ou *história do Brasil*
Linguística ou *linguística*
Rua do Ouvidor ou *rua do Ouvidor*
Estrada das Figueiras ou *estrada das Figueiras*
Edifício Copan ou *edifício Copan*
Igreja do Rosário ou *igreja do Rosário*
Palácio do Governo ou *palácio do governo*
Bairro da Mooca ou *bairro da Mooca*

Mas atenção...
nunca se deve escrever com letra minúscula os nomes próprios, mesmo que façam parte de um dos casos anteriormente descritos: Brás Cubas, Amaro, Carlos Ferreira, João Paulo etc.

Como era antes do acordo?

Antes do acordo, algumas palavras eram escritas somente com letras maiúsculas; em alguns casos, como o das citações bibliográficas, o uso de maiúscula ou minúscula já era facultativo.

ACENTOS

Trema

1. Eliminação do trema nos encontros GUE, GUI, QUE, QUI, em que a letra U for pronunciada:

aguentar   *equestre*

antiquíssimo   *frequente*

arguição   *iniquidade*

cinquenta   *linguiça*

cinquentenário   *linguística*

consequência   *quinquênio*

enxágue   *subsequente*

> **Mas atenção...**
> em nomes próprios e de logradouros estrangeiros e seus derivados, deve-se manter a grafia original, com trema: Müller (mülleriano), Hübner (hübneriano), Bündchen, Süddeutsche, Kümmel etc.

Acento agudo

1. Eliminação do acento agudo nos ditongos abertos tônicos EI e OI, quando eles estiverem em posição de sílaba paroxítona:

ideia *estreia*
assembleia *estreio*
asteroide *geleia*
boia *hebreia*
celuloide *heroico*
claraboia *alcaloide*
colmeia *jiboia*
Coreia *joia*
debiloide *odisseia*
epopeia *paranoia*
estoico *paranoico*
plateia

Mas atenção...
no caso de palavras que possuem as condições expostas anteriormente, mas que obedecem à regra de paroxítonas terminadas em R, o acento agudo permanece, em benefício dessa regra: Méier, destróier etc. Além disso, deve-se manter a acentuação dos ditongos abertos tônicos das palavras oxítonas: anéis, batéis, fiéis, papéis, corrói, herói etc.

2. Eliminação do acento agudo no I e U tônicos em posição de hiato, precedidos de ditongo, das palavras paroxítonas:

baiuca *cauila*
bocaiuva *feiura*
boiuna *Sauipe*
boiuno *tauismo*

> **Mas atenção...**
> a regra não incide sobre as palavras que possuem as mesmas condições descritas, mas são oxítonas ou proparoxítonas (teiú, maiúsculo, feiíssimo, precaríssimo, cheiíssimo, friíssimo); ou cujos I e U tônicos não são precedidos de ditongo (aí, baú, cafeína, saída, saúde, país, viúvo, saístes, saúva).

3. Verbos terminados em UAR podem ou não ser acentuados, conforme sua pronúncia:

(eu) averíguo ou *averiguo*

(ele) averígua ou *averigua*

averígue ou *averigue (você)*

(eu) enxáguo ou *enxaguo*

(ele) enxágua ou *enxagua*

enxágue ou *enxague (você)*

(eu) apazíguo ou *apaziguo*

(ele) apazígua ou *apazigua*

apazígue ou *apazigue (você)*

(eu) águo ou *aguo*

(ele) água ou *agua*

águe ou *ague (você)*

Acento circunflexo

1. Eliminação do acento circunflexo nos encontros vocálicos OO e EE:

abençoo   magoo

coo (de coar)   moo (de moer)

coroo   perdoo

creem   povoo

deem   releem

doo (de doar)   reveem

enjoo   veem

leem   voo

zoo

Acentos agudo e circunflexo

1. Eliminação dos acentos agudo e circunflexo diferenciais em palavras homógrafas (com mesma grafia):

para (de parar)   *pelo (substantivo)*
pela (de pelar)   *pelo (de pelar)*
pela (substantivo) *pera (substantivo)*
polo (substantivo) *pero (substantivo)*

2. Manutenção dos acentos agudo e circunflexo diferenciais em palavras homógrafas:

pôde (passado)/pode (presente)

pôr (verbo)/por (preposição)

tem (singular)/têm (plural)

vem (singular)/vêm (plural)

abstém (singular)/abstêm (plural)

contém (singular)/contêm (plural)

retém (singular)/retêm (plural)

convém (singular)/convêm (plural)

Mas atenção...
alguns acentos diferenciais são de uso facultativo: amámos (passado)/amamos (presente) e demais formas verbais da primeira conjugação (verbos terminados em -AR), dêmos (presente do subjuntivo)/demos (passado), fôrma (substantivo)/forma (verbo).

3. Manutenção dos acentos circunflexo e agudo em palavras que permitem dupla acentuação, sendo as primeiras formas mais usadas no Brasil e as segundas, em Portugal:

econômico ou *económico*   *Antônio* ou *António*

acadêmico ou *académico*   *prêmio* ou *prémio*

fêmur ou *fémur*   *gênero* ou *género*

bebê ou *bebé*   *fenômeno* ou *fenómeno*

canapê ou *canapé*   *bônus* ou *bónus*

matinê ou *matiné*   *sêmen* ou *sémen*

purê ou *puré*   *fênix* ou *fénix*

ônix ou *ónix*

Como era antes do acordo?

Antes do acordo, várias palavras eram acentuadas, seja com o trema (lingüiça, agüentar, freqüente, conseqüência, cinqüenta etc.), seja com o acento agudo (idéia, assembléia, hebréia, paranóico, heróico), seja com o acento circunflexo (vôo, enjôo, perdôo, crêem, lêem, vêem etc.). Além disso, algumas palavras possuíam o acento diferencial (pára/para).

HÍFEN

Palavras que possuem hífen

1. Palavras formadas por prefixação, em que o prefixo termina por vogal e a palavra seguinte inicia-se por vogal igual (*VOGAL 1 + VOGAL 1*):

alfa-aglutinação
ante-estreia
anti-ibérico
anti-ictérico
anti-imperialista
anti-individualista
anti-infeccioso
anti-inflacionário
anti-inflamatório
anti-intelectual
arqui-inimigo

arqui-irmandade
auto-observação
auto-ônibus
auto-organização
auto-oxidação
beta-amilase
bi-ilíaco
contra-apelação
contra-abertura
contra-almirante
contra-anunciar

contra-assinado *iso-osmótico*
contra-atacado *mega-ação*
contra-avisar *micro-ondas*
di-iodado *micro-ondulação*
di-iodeto *micro-ônibus*
eletro-óptico *neo-ortodoxo*
entre-eixo *poli-isopreno*
extra-abdominal *proto-orgânico*
extra-axial *proto-organismo*
hidro-oligocitemia *pseudo-occipital*
homo-ousiano *retro-ocular*
infra-acústico *sobre-elevado*
infra-assinado *sobre-erguer*
infra-atômico *sobre-estimar*
infra-axilar *sobre-existir*
intra-amniótico *sobre-exposição*
intra-auricular *supra-atmosférico*
supra-auricular

Mas atenção...
não se separam por hífen palavras que, apesar de terem vogais iguais, iniciam-se pelos prefixos átonos CO-, PRE- e RE-: coobrigação, coorganização, coorientador, preexistente, preelaborar, preestabelecido, reescrever, reedição, reerguer, reestabelecer etc. De acordo com a morfologia portuguesa e com as bases do novo acordo, nas formações em que o prefixo PRE- for tônico, ele deve ser grafado com acento e separado por hífen: pré-estreia, pré-lançamento etc. (Ver item 4 a seguir.)

2. Palavras compostas por justaposição, isto é, em que ambos os elementos da composição são vocábulos independentes:

abaixo-assinado *cirurgião-dentista*
afro-asiático *conta-gotas*
alcaide-mor *decreto-lei*
amor-perfeito *ferro-velho*
arco-íris *finca-pé*
ave-maria *guarda-chuva*
azul-escuro *guarda-noturno*
bate-boca *indo-europeu*
belo-horizontino *joão-ninguém*
boa-fé *luso-brasileiro*
cabra-cega *mato-grossense*
cabra-macho *mato-grossense-do-sul*
caminhão-pipa *médico-cirurgião*
carro-chefe *mesa-redonda*
carta-bilhete *pão-duro*
carta-bomba *para-choque*

para-lamas   *roda-viva*
para-raios   *rubro-negro*
porta-bandeira   *sul-africano*
porta-malas   *tenente-coronel*
porto-alegrense   *tio-avô*
primeiro-ministro   *vaga-lume*
rio-grandense-do-norte   *vitória-régia*

> **Mas atenção...**
> algumas poucas palavras compostas por justaposição – cuja noção de composição, em certa medida, desapareceu – perderam o hífen: paraquedas, paraquedista, mandachuva; outras já eram grafadas sem hífen antes do acordo (pontapé, madressilva, girassol, ferromodelismo).

3. Palavras compostas por justaposição que designam espécies botânicas e zoológicas:

abóbora-menina
andorinha-da-serra
andorinha-do-mar
andorinha-grande
bem-te-vi
cobra-capelo
cobra-d'água
contra-erva
contra-erva-bastarda
contra-erva-do-peru
couve-de-bruxelas
couve-flor
cravo-da-índia
erva-cidreira
erva-doce
erva-do-chá

ervilha-de-cheiro
fava-de-santo-inácio
feijão-verde
flor-do-espírito-santo
formiga-branca
formiga-de-roça
formiga-ferro
lebre-da-patagônia
lesma-de-conchinha
mico-leão-dourado
peixe-do-paraíso
peixe-espada
peroba-do-campo
pimenta-do-reino
pintassilgo-verde
sabiá-laranjeira
tamanduá-bandeira

Mas atenção...
não se usa hífen no caso de tais nomes exprimirem sentido diferente de espécies botânicas e zoológicas: bico de papagaio (problema de coluna), olho de boi (tipo de selo) etc.

4. Palavras formadas por prefixação com os seguintes prefixos: ad-, ab-, ob-, bem-, além-, aquém-, recém-, sem-, ex-, sota-, soto-, vice-, vizo-, pós-, pré-, pró-, grã-, grão-, pan-, circum-, mal-, má-, sub- e sob-:

ab-reativo
ab-rogar
ad-digital
ad-referendar
ad-renal
além-Atlântico
além-fronteira
além-mar
aquém-mar
bem-acondicionado
bem-aventurado
bem-criado
bem-cuidado
bem-disposto

bem-estar
bem-nascido
bem-passado
bem-vindo
bem-visto
circum-adjacência
circum-escolar
circum-murado
circum-navegação
circum-murar
ex-almirante
ex-diretor
ex-hospedeira
ex-marido
ex-presidente
ex-primeiro-ministro
grã-duque
grã-fina

grão-cruz
grão-ducal
grão-mestre
grão-rabino
má-educação
má-fé
má-formação
mal-acostumado
mal-afortunado
mal-amado
mal-assado
mal-assombrado
mal-entendido
mal-estar
mal-humorado
mal-limpo
ob-rogar
pan-africano

pan-americano
pan-mágico
pan-negritude
pós-doutorado
pós-exílio
pós-graduação
pós-menopausa
pós-moderno
pós-morte
pós-parto
pós-tônico
pré-adolescência
pré-anestésico
pré-atômico
pré-avisar
pré-cabralino
pré-capitalismo
pré-escolar

pré-natal
pré-socrático
pré-vestibular
pró-africano
pró-europeu
pró-hominídeo
recém-casado
recém-nascido
sem-terra
sem-teto
sem-vergonha
sob-roda
sob-rojar
sota-almirante
sota-ministro
sota-piloto
soto-mestre
soto-pôr

soto-posto   *sub-reitor*

soto-soberania   *vice-prefeito*

sub-base   *vice-presidente*

sub-brigadeiro   *vice-reino*

sub-ramal   *vice-reitor*

sub-região   *vice-secretário*

vizo-rei

Mas atenção...

a) com os prefixos ab-, ad- e ob-, o hífen se mantém apenas diante de palavras iniciadas por B, D ou R, já que nos demais casos ele desaparece (abceder, abmaterializar, adnominar, adgeração, obcomprimido, obpiramidal); **b)** com o prefixo mal-, o hífen se mantém apenas diante de palavras iniciadas por VOGAL, H ou L, e nos demais casos ele desaparece (malcriado, malnascido, malfalante, malfeito, maldisposto);

c) com os prefixos sub- e sob-, o hífen se mantém apenas diante de palavras iniciadas por R e B também desaparecendo nos

> demais casos (sobpesar, sobsaia, subcapítulo, subcutícula, subdelegar, subtropical);
> **d)** com os prefixos circum- e pan-, o hífen se mantém apenas diante de palavras iniciadas por VOGAL, M ou N, e nos demais casos ele desaparece (panfrancesismo, pancontinental, pansemítico, pantropical, circumpacífico, circumpolar, circuncentral, circunlocução, circunvizinhar); **e)** com o prefixo bem-, o hífen desaparece somente se o segundo elemento for derivado dos verbos fazer ou querer (benfazejo, benfeito, benfeitor, benfeitoria, benquerença, benquisto, benquerer).

Palavras que não possuem hífen

1. Palavras formadas por prefixação, em que o prefixo termina por vogal e a palavra seguinte inicia-se por vogal diferente (*VOGAL 1 + VOGAL 2*):

agroecologia   *agroindústria*
  agroecossistema   *antiadministrativo*
    agroexportador   *antiagrícola*

antialcoólico
antialérgico
antiamarílico
antiamericanismo
antiárabe
antiarte
antiatômico
antieconômico
antiescolar
antiescolástico
antievolucionista
antioligarquia
antioxidante
autoacusação
autoadesivo
autoadministração
autoafirmar
autoajuda

autoanálise
autoaprendizado
autoaprendizagem
autoeducação
autoescola
autoestima
autoestrada
autoimune
autoindução
autoinoculação
autointoxicação
coactante
coacusado
coadaptação
coadaptar
coadquirir
coadunar
coagente

coator
coautor
coautoria
coeditor
coeducação
contraescritura
contraespionar
contraestímulo
contraexemplo
contraexpor
contraextensão
contraincisão
contraindicado
contrainquérito
contrainvertido
contraoferta
extraescolar
extraestatal
extraestatuário
extraocular
extraoficial
extraorbital
extraorgânico
extraurbano
hidroaéreo
hidroaeroplano
hidroagrícola
hidroaviação
hidroencefalia
hidroextração
infraescavação
infraestrutura
infraocular
infraordem
intraocular

intraoral *pluriocular*
plurienal *pluriovular*
pluriestratificação *semiárido*

2. Palavras formadas por prefixação, em que o prefixo termina por vogal e a palavra seguinte inicia-se por consoante (no caso das consoantes serem R ou S, elas devem ser dobradas) (*VOGAL + CONSOANTE*):

afrodescendente *antirregulamentar*
anticlerical *antirreligioso*
antirrábico *antirrepublicano*
antirracional *antirrevolucionário*
antirracista *antirroubo*
antirradiação *antirrugas*
antirreal *antirruído*
antirreflexo *antissemita*
antirreforma *antisséptico*
antirregimental *antissocial*

arquimilionário
autorradiografia
autorreflexão
autorregeneração
autorregulação
autorretrato
autosserviço
autossubsistência
autossuficiência
autossugestão
autossustentável
biorritmo
contrapeso
Contrarreforma
contrarregra
contrarroda
contrassenha
contrassenso
contrassugestão
contraveneno
copiloto
corresponsável
cossegurar
cosseno
eletrorradiologia
eletrosseção
extrajudiciário
extramuros
extrarregular
extrasseco
extrassensível
extrassolar
infrassom
justafluvial
metatexto
microcirurgia

microssaia
microssegundo
microssocial
minirretrospectiva
minissubmarino
neoliberal
neorrepublicano
protomártir
protorreligião
protorrevolucionário
protorromance
protossatélite
semirreta
semisselvagem
supracitado
suprarrenal
suprassumo
ultraliberal
ultrarracional
ultrarraro
ultrarrealista
ultrarrevolucionário
ultrarromântico
ultrarroxo
ultrassecreto
ultrassecular
ultrassensível
ultrassonografia
ultrassonoro
ultrarrápido

>
> **Mas atenção...**
> a) como visto anteriormente, nos adjetivos pátrios compostos deve-se manter o hífen (afro-brasileiro, greco-romano, sino-brasileiro, austro-húngaro, luso-brasileiro, sul-rio-grandense etc.), o que não ocorre quando tais elementos formarem outros tipos de adjetivos compostos (anglofalante, lusófono, francofonia, germanofilia etc.).
> b) Para ver o funcionamento da regra VOGAL + H veja quadro "Mas atenção..." da página 45.

3. Palavras formadas por prefixação, em que o prefixo termina por consoante e a palavra seguinte inicia-se por consoante diferente (*CONSOANTE 1 + CONSOANTE 2*):

supersafra　　*supersensual*
　hipersensível　　　*supersecreto*
　　hipersensual　*superdotado*
supersônico　*hipertenso*
　supersimples　　*hiperpigmentação*

Mas atenção...
as palavras formadas por prefixação em que ambas as consoantes são iguais (CONSOANTE 1 + CONSOANTE 1) mantêm o hífen: hiper-reativo, inter-relacionado, super-resistente, super-requintado, super-resfriado, super-realista, inter-racial, super-realismo, inter-regional etc.

4. Palavras formadas por prefixação, em que o prefixo termina por consoante e a palavra seguinte inicia-se por vogal (*CONSOANTE + VOGAL*):

hiperácido *superaquecer*
hiperagudo *superatrasado*
hiperamável *superego*
hiperativo *superinterior*
hiperinflação *superocupado*
superagitado *superúmido*

Mas atenção...
os vocábulos formados por prefixação — incluindo aqueles com prefixos terminados por vogal (ver regra 2 da página 40) —, cujo segundo elemento inicia-se por H, mantêm o hífen: pré-história, semi-hospitalar, geo-história, sub-hepático, anti-higiênico, contra-harmônico, extra-humano, super-homem, ultra-hiperbólico, neo-helênico, pan-helenismo, anti-herói, anti-hemorrágico, anti-histórico, anti-horário, anti-humano, contra-haste, extra-hepático, extra-hospitalar, geo-hidrografia, neo-horizontino, pan-hispânico, semi-homem, semi-humano, semi-histórico, sub-humano, sub-horizontal, super-habilidade, ultra-honesto, ultra-humano, pré-helênico, pré-histórico. Com exceção daqueles que possuem os prefixos CO- e RE-: coabitar, coerdeiro, reaver etc.

5. Locuções e expressões compostas que possuem termo de ligação (preposição, conjunção, artigo, pronome etc.):

bicho de sete cabeças   *leva e traz*
café com leite   *mão de obra*
camisa de força   *maria vai com as outras*
cara de pau   *olho de sogra*
deus me livre   *pai de todos*
deus nos acuda   *pão de ló*
dia a dia   *pé de moleque*
diz que diz   *pé de vento*
faz de conta   *ponto e vírgula*
queda de braço

Mas atenção...

algumas locuções e expressões, em razão de serem consagradas pelo uso — ou que designam espécies botânicas e zoológicas, como vimos nas páginas 31-32 —, continuam sendo grafadas com hífen: água-de-colônia, arco-da-velha, cor-de-rosa, mais-que-perfeito, pé-de-meia, ao deus-dará, à queima-roupa, gota-d'água. Também mantiveram o hífen as expressões

> compostas por elementos iguais ou
> parecidos: reco-reco, blá-blá-blá, zum-zum,
> tico-tico, tique-taque, cri-cri, pingue-pongue,
> zigue-zague, esconde-esconde, pega-pega,
> corre-corre, quebra-quebra etc.

6. Palavras em que o advérbio de negação NÃO atua como prefixo:

não agressão *não alinhado*
não violência *não localizado*
não governamental *não euclidiano*
não fumante *não cumprimento*
não linear *não ficção*
não simétrico *não salariado*
não contradição *não viciado*

Como era antes do acordo?
Antes do acordo, várias palavras que perderam o hífen eram escritas com ele (co-herdeiro, neo-republicano, pára-quedas etc.) e algumas que ganharam o hífen eram escritas sem ele (microondas, antiinflacionário, autoobservação etc.).

TERMINAÇÕES

Terminações de palavras derivadas

1. Vocábulos derivados de palavras terminadas em -E(S) ganham o sufixo -IANO:

acriano (de Acre)
açoriano (de Açores)
euclidiano (de Euclides)
camoniano (de Camões)
torriano (de Torres)
comtiano (de Comte)
cabo-verdiano (Cabo Verde)

Terminações de verbos

1. Alguns verbos terminados em -IAR são conjugados no presente com -IO/-IA(M) ou -EIO/-EIA(M):

(eu) negocio ou *negoceio*
    (ele) negocia ou *negoceia*
        (eles) negociam ou *negoceiam*
(eu) premio ou *premeio*
    (ele) premia ou *premeia*
        (eles) premiam ou *premeiam*
(eu) cadencio ou *cadenceio*
        (ele) cadencia ou *cadenceia*
    (eles) cadenciam ou *cadenceiam*
(eu) comercio ou *comerceio*
        (ele) comercia ou *comerceia*
    (eles) comerciam ou *comerceiam*
(eu) diligencio ou *diligenceio*
    (ele) diligencia ou *diligenceia*
        (eles) diligenciam ou *diligenceiam*
(eu) licencio ou *licenceio*
    (ele) licencia ou *licenceia*
        (eles) licenciam ou *licenceiam*
(eu) presencio ou *presenceio*
    (ele) presencia ou *presenceia*

(eles) presenciam ou *presenceiam*

(eu) sentencio ou *sentenceio*

(ele) sentencia ou *sentenceia*

(eles) sentenciam ou *sentenceiam*

> **Mas atenção...**
> alguns verbos terminados em -IAR são conjugados apenas com -IO: (eu) noticio, (ele) noticia, (eu) calunio, (eles) caluniam, (eu) conferencio, (ele) conferencia, (eu) influencio, (eles) influenciam, (eu) principio, (eu) desafio, (eu) extravio; outros verbos terminam em -EIO: (eu) medeio, (ele) medeia, (eu) anseio, (eles) anseiam, (eu) remedeio, (ele) remedeia, (eu) incendeio, (eu) odeio.

Como era antes do acordo?

Antes do acordo, alguns vocábulos terminados em -E(S) aceitavam também, em seus derivados, a grafia com -eano: acreano, torreano, comteano.

Detalhes da nova ortografia

O novo Acordo Ortográfico da Língua Portuguesa possui, além das regras anteriormente expostas, uma série de outros detalhes de escrita. Por não serem de uso muito frequente ou por se referirem a uma categoria de palavras que compreende poucos exemplos, foram colocados aqui sob a forma de curiosidades, embora – é bom que se saiba – são de uso obrigatório. São eles:

1. Nomes próprios, bem como nomes de marcas, títulos e abreviaturas devem seguir as regras de acentuação do novo acordo ortográfico:

Raul Pompeia
Quintino Bocaiuva
José de Alencar *Pelé*
Telefônica (empresa de telefonia)
Pão de Açúcar (supermercado)
O Boticário (empresa de cosméticos)
Itaú (banco)
Caixa Econômica (banco)
álg. (abreviatura de álgebra)
cód. (abreviatura de código)
pág. (abreviatura de página)

Mas atenção...

conforme reza o acordo, por direito, "pode manter-se a grafia original de quaisquer firmas comerciais, nomes de sociedades, marcas e títulos que estejam inscritos em registro público", ou seja, esses casos seguem uma grafia própria mesmo que ela não esteja contemplada pelas regras do acordo (Petrobras, Rhodia, Copagaz, Bob's); no caso de nomes de pessoas falecidas,

> ao contrário do que costuma ocorrer com o nome de pessoas vivas, em que o registro civil é respeitado, prescreve-se sua grafia de acordo com a regra vigente
> (Elísio de Carvalho em vez de Elysio de Carvalho, Rui Barbosa em vez de Ruy Barbosa, Eça de Queirós em vez de Eça de Queiroz).

2. Algumas palavras perderam sua consoante muda não pronunciada:

ação (em vez de acção)
  batizar (em vez de baptizar)
    direto (em vez de directo)
adotar (em vez de adoptar)
  objeção (em vez de objecção)
    ato (em vez de acto)
ótimo (em vez de óptimo)
  acionar (em vez de accionar)
    abstração (em vez de abstracção)
atual (em vez de actual)

> **Mas atenção...**
> quando a consoante for pronunciada, sua grafia é de uso facultativo. Há casos de pronúncia de consoantes mudas mais comuns no Brasil: peremptório (em vez de perentório), aspecto (em vez de aspeto), corrupto (em vez de corruto), recepção (em vez de receção) etc. Em Portugal, onde a pronúncia de consoantes mudas é mais frequente, outros casos são mais comuns: facto (em vez de fato), sector (em vez de setor), carácter (em vez de caráter), amnistia (em vez de anistia), sumptuoso (em vez de suntuoso), ceptro (em vez de cetro), subtil (em vez de sutil), amígdala (em vez de amídala), omnipotente (em vez de onipotente), omnisciente (em vez de onisciente) etc.

3. Palavras que terminam com sílaba tônica seguida de sufixo de origem tupi-guarani devem ser grafadas com hífen:

amoré-guaçu *capim-açu*
anajá-mirim *Ceará-Mirim*
andá-açu *Embu-Guaçu*
Itaim-Mirim

Sugestões de leitura

ALVES, Ieda Maria. *Neologismo*: criação lexical. São Paulo: Ática, 2002.

Com base em estudos lexicológicos e lexicográficos, trata-se de uma maneira prática de compreender os principais processos de formação de palavras do português na atualidade, sobretudo as produções neológicas. O livro introduz o leitor no universo da morfologia de abordagem funcionalista.

BECHARA, Evanildo. *Moderna gramática portuguesa.* Rio de Janeiro: Nova Fronteira, 2009.

Trata-se de uma gramática atualizada do ponto de vista teórico, pautando-se na orientação normativa e apresentando maior número possível de fatos gramaticais. Seu autor discute, de maneira ampla, os principais processos de formação de palavras em português, além de incorporar as regras estabelecidas pelo novo acordo ortográfico.

CASTILHO, Ataliba T. de. *Nova gramática do português brasileiro*. São Paulo: Contexto, 2010.

Gramática que procura desvelar o conhecimento linguístico armazenado na mente dos falantes, levando em consideração o registro do português brasileiro. Este livro apresenta reflexões importantes sobre a formação do léxico, a lexicalização, o vocabulário e o dicionário, mostrando um quadro cronológico dos dicionários da língua portuguesa e trazendo também comentários interessantes sobre o novo acordo ortográfico.

CUNHA, Celso. *Gramática do português contemporâneo*. Rio de Janeiro: Padrão, 1980.

Embora comprometida com a Nomenclatura Gramatical Brasileira, o que lhe impõe certas restrições, esta gramática apresenta uma visão lúcida e firme sobre fenômenos morfológicos no português contemporâneo. É uma das gramáticas que melhor apresentam definições para as diferentes classes de palavras.

SILVA, Maurício. *O novo Acordo Ortográfico da Língua Portuguesa*: o que muda, o que não muda. São Paulo: Contexto, 2008.

Primeiro livro publicado no Brasil sobre o assunto, apresenta não apenas suas principais regras, mas também um bom panorama da história da ortografia da língua portuguesa, bem como discute as implicações do acordo ortográfico. O livro traz ainda o texto integral das bases do novo acordo.

SILVA, Maurício (org.). *Ortografia da língua portuguesa*: **história, discurso, representações. São Paulo: Contexto, 2009.**

Trata-se de um livro que apresenta a ortografia da língua portuguesa sob perspectivas diversas, indo de sua história até considerações acerca das suas representações no cenário linguístico nacional, sem se esquecer, evidentemente, do novo acordo ortográfico. O livro traz uma bibliografia aprofundada sobre o assunto, congregando estudos de especialistas nacionais e estrangeiros.

Bibliografia

AGUIAR, Monalisa dos Reis. *A ortografia da língua portuguesa na segunda metade do século XIX e no início do século XX*: dos projetos de reforma ao acordo ortográfico de 1931. São Paulo, 2005. Dissertação (Mestrado) – Pontifícia Universidade Católica de São Paulo.

CASTRO, Ivo; DUARTE, Inês; LEIRIA, Isabel (orgs.). *A demanda da ortografia portuguesa*. Lisboa: Sá da Costa, 1987.

ESTRELA, Edite. *A questão ortográfica*: reforma e acordos da língua portuguesa. Lisboa: Editorial Notícias, s.d.

FIGUEIREDO, Cândido de. *A ortografia no Brasil*: história e crítica. Lisboa: Clássica, 1929.

GARCIA, Afrânio da Silva. *História da ortografia do português do Brasil*. Rio de Janeiro, 1996. Tese (Doutorado) – Universidade Federal do Rio de Janeiro.

HOUAISS, Antônio. *A nova ortografia da língua portuguesa*. São Paulo: Ática, 1991.

Houaiss, Antônio. *O português no Brasil*. Rio de Janeiro: Revan, 1992.

Ilari, Rodolfo; Basso, Renato. *O português da gente*: a língua que estudamos; a língua que falamos. São Paulo: Contexto, 2006.

Luft, Celso Pedro. *Grande manual de ortografia Globo*. Porto Alegre: Globo, 1983.

Mateus, Maria Helena Mira. *A face exposta da língua portuguesa*. Lisboa: Imprensa Nacional/Casa da Moeda, 2002.

Noll, Volker; Dietrich, Wolf (orgs.). *O português e o tupi no Brasil*. São Paulo: Contexto, 2010.

Os autores

Maurício Silva é professor do Programa de Mestrado e Doutorado em Educação da Universidade Nove de Julho. Possui doutorado e pós-doutorado em Letras Clássicas e Vernáculas pela Universidade de São Paulo. É autor de *O novo Acordo Ortográfico da Língua Portuguesa: o que muda, o que não muda* e de *Ortografia da língua portuguesa: história, discurso, representações*, ambos publicados pela Editora Contexto.

Elenice Alves da Costa é professora de Língua Portuguesa na Universidade Nove de Julho. Possui mestrado em Filologia e Língua Portuguesa pela Universidade de São Paulo. É membro dos grupos de pesquisa Interfaces do Léxico da Língua Portuguesa, e Linguística e Literatura: Teorias e Práticas Discursivas.

CADASTRE-SE
EM NOSSO SITE,
FIQUE POR DENTRO DAS NOVIDADES
E APROVEITE OS MELHORES DESCONTOS

LIVROS NAS ÁREAS DE:

História | Língua Portuguesa
Educação | Geografia | Comunicação
Relações Internacionais | Ciências Sociais
Formação de professor | Interesse geral

ou
editoracontexto.com.br/newscontexto

Siga a Contexto
nas Redes Sociais:
@editoracontexto